AF273712

Llorando con ellas

Visiones del Medievo femenino

María González-Díaz

www.archivosvola.es
rescatando el acervo

En portada: *Plañideras* (ca. 1295), anónimo, Castilla
© Museo Nacional d'Art de Catalunya, Barcelona (2025)

© María González-Díaz

© Archivos Vola, Madrid, 2025

ISBN: 978-84-129137-4-3
Depósito legal: M-1870-2025

Hecho en Madrid

Índice

Para Rebeca Sanmartín Bastida,
por guiarme y aconsejarme,
por enseñarme a trabajar en libertad,
pero, sobre todo, por confiar en mí

PRÓLOGO

"Lo primero que hacemos cuando venimos al mundo es llorar" dijo la poeta estadounidense Heather Christle (2020: 14). Una afirmación que, a priori, bien pudiera entenderse como una cuestión baladí y, sin embargo, nos recuerda una verdad ineludible: el llanto es, ante todo, una función corporal y, como tal, escapa a cualquier momento histórico. No ocurre lo mismo, en cambio, con los significados que entraña, los cuales se encuentran culturalmente codificados. Las lágrimas nacen de lo más íntimo del ser humano y sus causas son infinitas, pero, como toda manifestación del cuerpo, están condicionadas por su puesta en escena, por la presencia de un tercero y por el sentido que este les otorga (Blanchfield 2012: xxii-xxiii).

Durante la Edad Media, las lágrimas fueron un elemento poderoso. Se concibieron como un instrumento utilizado en las distintas esferas sociales para satisfacer un propósito concreto. Y como llave que abría las puertas a la consecución de un fin se analizaron con recelo y cautela. El llanto no era ignorado, no pasaba desapercibido ni tampoco se negaba, y los interrogantes que brotaban en torno a él quedaban lejos de, simplemente, querer consolar a quien había llorado. Preguntarse hasta qué punto las lágrimas de alguien eran verdaderas parecía ser el primer paso para descubrir sus intenciones, para poder entender quién era en realidad. Y, precisamente por esta razón, el modo en que florecía el llanto y se exponía ante los demás pasó también a ser un foco de preocupación e interés. Sistematizar las lágrimas era un medio para controlar los fines políticos que enmascaraban, pues, así como a veces las emociones nos dominan y consiguen apoderarse de nosotros, también pueden manipular la voluntad de los que nos rodean (Rimé 2010: 315). De hecho, que la configuración de la expresión del llanto tuviera un incuestionable protagonismo en aquellos siglos no ha impedido que nos ataña y señale en nuestra propia cotidianidad, pues, si bien ha perdido una parte de su esencia, ha pervivido hasta hoy, como nos revelan el método grupal "rui-katsu" para aprender a llorar y aliviarse de las aflicciones o las más que conocidas "Instrucciones para llorar" (1962) que escribió Julio Cortázar y que fácilmente nos vienen a la memoria. Tanto el citado método japonés como el autor franco-argentino trataron, entre otros muchos, de combatir el pensamiento contemporáneo y las aseveraciones "no llores" o "no hay que llorar" que, por desgracia, tantas veces hemos escuchado. En otras palabras, se han encargado de subrayar la incapacidad de las personas de desprenderse de este proceso biológico que las individualiza frente al resto de los seres vivos, independientemente de la problemática que lo acompañe en cada época.

Las lágrimas femeninas que estudio en este libro son las que derramaron mujeres con fama de santidad o de extrema virtud en la Castilla Tardomedieval. En su caso y en el de muchas de sus predecesoras y contemporáneas europeas, el llanto fue decisivo por ser una parte indispensable de la retórica que las ayudó a conseguir autoridad espiritual en la corte. Aunque en este libro conoceremos a muchas de ellas, no puedo dejar de destacar ahora, por su innegable transcendencia, a María de Ajofrín, Juana de la Cruz y María de Santo Domingo, quien tuvo don de lágrimas. La potestad de su llanto se debió, principalmente, a la confluencia de dos realidades de muy diversa índole. Por un lado, fueron varios los personajes bíblicos que, como relata la Sagrada Escritura, lloraron. Por otro lado, la antigua asociación de la mujer con la corporalidad propició que las lágrimas hablaran por ellas cuando no se les permitía hacerlo, que se convirtieran en su canal de expresión con el mundo ante el silencio que se les había impuesto en su tiempo. Por tanto, a lo largo de estas páginas no pretendo afirmar solo que lloraron, sino comprender por qué lo hicieron, determinar cuáles fueron sus razones. En este sentido, tampoco puedo obviar que adentrarse en sus lágrimas puede llegar a resultar un camino pedregoso, pero revisar aquello que originó su llanto quizá nos permita acercarnos verdaderamente a ellas, pues, como decía hace un momento, aunque no siempre le demos el valor que le corresponde, a la gente a veces se la conoce por lo que llora.

Por todo lo anterior, las lágrimas son ahora la brújula que nos conduce hacia los beaterios y conventos en los que vivieron estas mujeres. Y es que no debemos perder de vista que este espacio, en su función de habitar, se cobra su propia importancia, pues la casa es nuestro primer rincón en el universo y, como tal, impregna de significado cada acción que en ella se efectúa (Bachelard 2000: 28). No es lo mismo, qué duda cabe, llorar dentro que fuera de casa. Pero mucho menos es lo mismo llorar en el interior de los muros conventuales o monásticos que fuera de ellos. Las mujeres religiosas de las que me ocupo lloraron en la casa de Dios en la tierra, esta fue la nación de su llanto, y, en consecuencia, sus lágrimas las aproximaron, en mayor o menor medida, al Cielo y al Creador. Así las cosas, me propongo trazar un recorrido que comience en una breve contextualización del llanto en el Medievo. A continuación, atenderé a la definición del don de lágrimas, siendo este el tipo de llanto que más importancia ha tenido en el ámbito religioso y, en términos específicos, para la santidad femenina. Finalmente, expondré cuáles fueron las diferentes lágrimas que vertieron estas santas vivas y, en su nombre, aquellos con quienes cohabitaron, partiendo de un trabajo previo que nos permitirá conocer el alcance que tuvieron (González-Díaz

2023). Con todo ello, espero contribuir, desde la perspectiva y el ejercicio del llorar, a la ampliación del conocimiento y a la difusión de sus trayectorias vitales.*

* La investigación recogida en este libro está ligada al proyecto I+D "Catálogo de Santas Vivas (Fase Final): Hacia el primer modelo de santidad femenina de la Contrarreforma" (PID2023-104237GB-I00, financiado por MICIU/AEI/10.13039/501100011033/FEDER, UE).

Llorar en la Edad Media

A pesar del rastro efímero que dejan las lágrimas tras de sí, distintos testimonios concebidos en el Medievo nos han permitido saber que el llanto estuvo sujeto a múltiples interpretaciones: no solo expresó tristeza, sino que reflejó por igual los sentimientos de júbilo y dolor, muchas veces inseparables. La mirada de los demás certificaba entonces el valor de las lágrimas derramadas y, como consecuencia, a ellas estuvieron siempre vinculadas los conceptos de sinceridad y arrepentimiento en un intento de confirmar su autenticidad (Blanchfield 2012: xxii-xxiii). Toda actividad lacrimal era real en términos fisiológicos, pero ello no implicaba que fuera verdadera, por lo que el escrutinio de los testigos acerca de los motivos que la habían impulsado parecía necesario. Fue así como el acto de llorar se constituyó como una suerte de termómetro que medía diferentes actuaciones y comportamientos sociales, visuales, lingüísticos y cognitivos que determinaron, sin ninguna duda, el período (Gertsman 2012: xii).

Figura 2. *Santa María Magdalena Penitente* (ca. 1636), anónimo
[MET Museum, 53.601.14(162), New York]

Tal y como consideraba la Iglesia, el penitente medieval debía mostrar un sufrimiento y una contrición honestos, que requerían gestos externos y somáticos si quería alcanzar el perdón de Dios (Swift 2012: 82) (figura 1). Para esta práctica performativa o, dicho de otro modo, para este llanto penitencial, se tomaron como ejemplos a María Magdalena (figura 2) y san Pedro (figura 3), quienes fueron recordados por la efusión de lágrimas con la que respondieron a los pecados cometidos. Asimismo, los confesores recibieron instrucciones detalladas sobre la forma de conseguir expresiones de arrepentimiento que involucraran a las lágrimas y, de hecho, hacia el siglo XV quedó totalmente instituida la teología de la contrición llorosa que había promulgado, a través de sus famosos sermones, el dominico Vicente Ferrer (Swift 2012: 81, 85).

Además de tener la capacidad de probar o no el falso remordimiento de una persona, las lágrimas tuvieron otras funciones. Curaban enfermedades, como aseguró Enrique de Grosmont en el *Libro de la medicina sagrada* (ca. 1354), donde documentó un bálsamo que mezclaba la sangre de Cristo, las lágrimas de la Virgen María y una especie de agua de rosas que sanaban cuerpo, mente y alma (Gertsman 2012: xii). A través de la senda que abrían las emociones, formaban parte de las estrategias gubernamentales que en los reinos aplicaron príncipes y reyes (Boquet y Nagy 2018: 189-214). Y también podían, como veremos más adelante, contribuir a la salvación de las almas del Purgatorio, acompañar a la experiencia visionaria o ser una evidencia de la santidad de alguien (Gertsman 2012: xi). Precisamente, las lágrimas adquirieron mucha relevancia en el universo religioso por haber estado presentes en la vida de Cristo, quien no solo llamó "bienaventurados" a los que lloraron en el sermón de la montaña, sino que lloró tres veces: por la muerte de Lázaro (Jn 11, 34-35), por Jerusalén (Lc 19, 41) y en Getsemaní (Hb 5, 7) (Eymar 2015: 515; Sanmartín Bastida 2023a: 95). Sus lágrimas contribuyeron a la transformación de la imagen inaccesible y todopoderosa de los siglos precedentes en un reflejo más humano, que había empezado a estar en auge desde el Bajo Medievo a partir de representaciones antropomórficas en las que se revelaba su humildad y dolor (Sanmartín Bastida 2012: 166) (figura 4). Esta devoción hacia Cristo hombre fomentó una espiritualización cada vez más proclive a ensalzar los afectos (Boquet y Nagy 2018: 217). Y, además, la humanización del Hijo de Dios vino aparejada de una idea de feminización que, según parece, ha tenido implicaciones en el llanto que llegan hasta nuestros días:

Dios se había querido manifestar a lo más inferior, a lo más frágil, que, dentro de los valores medievales profundamente misóginos, eran las mujeres. A ello correspondía el hecho de que Dios se había humillado en la encarnación, lo que justamente permitía asimilar las mujeres a Cristo. (Cirlot y Garí 2021: 38-39)

En otras palabras, llorar se ha concebido en distintas etapas de la historia como una cuestión ligada al género femenino. Aunque ejemplos masculinos nos demuestran que el llanto también fue común en las vidas de los hombres (como el de san Francisco, en cuya *vida* se narran sus continúas lágrimas por la Pasión, el de santo Domingo, que experimentó el don de lágrimas durante la ceremonia de la eucaristía, o el de san Juan, que se convirtió en una figura feminizada al pie del Calvario) desde la Antigüedad se relacionaron las lágrimas con las mujeres por, entre otras cosas, creerse la humedad corporal una característica intrínseca a su propia naturaleza (Gertsman 2012: xii-xiii).

La expectativa social de género sobre las lágrimas vino reforzada, asimismo, por la dimensión sufriente de la Virgen que se recoge tanto en la Piedad (figura 5) como en el *Planctus* o llanto sobre el cuerpo de Cristo muerto (figura 6). Ambas escenas plasmaron el lamento de María tras la pérdida de su Hijo e invitaron, desde la vivencia de la maternidad, a concentrar la atención en el drama de la Pasión y en la contemplación amorosa (Rodríguez Peinado 2015: 2). De hecho, el Planto mariano actuó como paradigma para las experiencias del duelo, culturalmente conocidas y llevadas a cabo en todos los estamentos de las sociedades peninsulares durante la Edad Media (Muñoz Fernández 2009: 109-110). La madre dolorosa (figuras 7 y 8) y las féminas que, en su nombre, plañían y gesticulaban a su alrededor dieron paso a una liturgia oficiada principalmente por mujeres (Steinhoff 2012: 37). El resultado derivado de este ritual mortuorio fue el gran poder y liderazgo que albergó el género femenino, motivo por el que sus lágrimas pretendieron ser desautorizadas asociándolas a términos como lo débil o lo falso (Muñoz Fernández 2006: 260). Por todo ello, no podemos perder de vista que la imagen que nos devuelve el pasado del binomio lágrima/mujer no deja de ser compleja y controvertida. Si el llorar podía conducir al engaño y era más habitual en las mujeres, se podía deducir de forma lógica que estas últimas eran más proclives al fingimiento. Además, los intentos de minimizar la influencia de su llanto en un acto tan común como era el de velar la muerte de quienes ya se habían ido advierte del deseo que existía por mantenerlas bajo control. Sobre el escenario descrito se sitúan las lágrimas que abordaremos enseguida, las cuales conectaban directamente a la espiritualidad femenina con la divinidad.

EL DON DE LAS LÁGRIMAS

Hay un tipo de llanto íntimamente relacionado con el mundo espiritual, la santidad y, en general, el sentimiento religioso, me refiero al denominado *don de lágrimas*. Este extraordinario fenómeno lacrimoso alcanzó una inimaginable importancia en el pasado, tanto en el cristianismo oriental como en el occidental (Navas 2023: 82-83). Sin embargo, hasta la publicación de *Le don des larmes au Moyen Âge* (2000) de Piroska Nagy, la inmensa mayoría de los expertos se centraron en las fuentes orientales que lo habían documentado, olvidando el lugar que ocupó en Occidente. Gracias a esta monografía obtuvimos una exhaustiva revisión del fenómeno en este territorio, la cual abarca el período que se comprende desde sus inicios hasta su supuesto apogeo en los siglos XI y XII.

Para aproximarnos al don de lágrimas es preciso, primero, entender su significado más allá de la literalidad. No obstante, debemos de tener en cuenta que nos enfrentamos a una tarea ardua dada la falta de consenso que se percibe entre los autores que han pretendido explicarlo. En otras palabras, es posible discernir dos definiciones sobre el don de lágrimas. La primera, de carácter más general, entiende que el don de lágrimas es un hábito, que las lágrimas pueden ser buscadas por aquel que ansía llorar (aunque nunca controladas una vez comienza el llanto) y que su condición de purificar los pecados conduce a que, en ocasiones, sean vistas como una gracia divina (Nagy 2000: 22). Para la segunda, que claramente ofrece una visión más restringida del término, las lágrimas son un carisma que confiere la perfección espiritual, no pueden nacer de la libre elección de las personas por ser una huella interior y exterior de la presencia de Dios, de su unión con él y, por ello, conllevan siempre la transformación del alma y tienen capacidad beatificante (Nagy 2000: 22). Asomarse a los textos tampoco facilita la aplicación de una de las referidas definiciones, debido a que en ellos se emplea el mismo vocabulario para designar por igual a los hábitos y al carisma y, sobre todo, a que ofrecen descripciones que prescinden de incorporar el propio término (Nagy 2000: 23-24). Por todo lo anterior, la lente que vamos a emplear para observar las lágrimas de las mujeres que afloran en estas páginas incluye ambas posturas, nos permite mirarlas de una y otra forma.

El don de lágrimas aparecía frecuentemente en las *vidas* y en los procesos de beatificación y canonización de los religiosos y las religiosas del siglo XIII, y se tomaba como una prueba de la auténtica devoción y de la limpieza espiritual del sujeto en cuestión, pero también como una manifestación física y ocular de la gracia (Knight 2012: 136-137). En el caso del género femenino cobraba una mayor importancia por ser las devociones corporales el medio idóneo para expresar santidad (Sanmartín Bastida 2023a: 96). Las lágrimas concedían a las mujeres visibilidad y prestigio, se erigían como un modo no verbal de externalizar la presencia divina en sus cuerpos, y, consecuentemente, hablaban por ellas cuando no se les permitía hacerlo. Por este motivo, para las aspirantes a santas del Medievo europeo y para el público masculino que puso por escrito sus vidas estas muestras sensibles se concebían como un rasgo de santidad que debía anhelarse y tratarse con especial relevancia (Knight 2012: 139). La mayoría de estas aspirantes se enmarcaron en una "tradición religiosa femenina" que, sin romper lazos con el entorno secular o laico, pudo dedicarse a la vocación espiritual fuera de los espacios conventuales (Muñoz Fernández 1994: 5-17). Este movimiento comenzó con las beguinas en los Países Bajos y encontró diversas manifestaciones, con sus respectivas peculiaridades, en el Occidente cristiano, como muradas, reclusas, emparedadas, beatas, terciarias, etc. (Muñoz Fernández 1994: 7; Cirlot y Garí 2021: 22). Localizamos así una larga e interesante nómina de mujeres que ejemplifican la conquista del llanto para su íntima relación con Dios, como la beguina belga María de Oignies (1177-1213), cuyas lágrimas no solo ocuparon un lugar central en su trayectoria, sino que se interpretaron como gotas de lo divino que debían conservarse. De hecho, en la Edad Media se consolidó la tradición de emplear lacrimatorios o botellas de lágrimas para atesorar el llanto que se consideraba valioso y lograr que sobreviviera al inevitable paso del tiempo (Christle 2020: 93; Sandwich 2024: 68). Podemos hablar también de la santa temprana Humiliana de Cerchi (1219-1246) quien, gracias al don de lágrimas, pudo rechazar un segundo matrimonio tras la muerte de su marido y emprender un camino espiritual. En otras palabras, su incesante llanto se tradujo en una expresión sincera de devoción y legitimó la nueva forma de vivir que había elegido. Es más, las lágrimas de la italiana no solo fueron una muestra irrefutable de su santidad, sino que actuaron como un elemento de purificación que propició un segundo bautismo (Knight 2012: 142). Destaca igualmente Agnes Blannbekin (¿1244?-1315), en quien fue manifiesto el deseo de alcanzar la *gratia lachrymarum*; la beguina de origen austriaco rogó en sus oraciones a Dios poder recibir una señal de su gloria en forma de lágrimas (Knight 2012: 139). O la afamada Dauphine de Puimichel (¿1283?-1360), cuyo proceso de canonización recoge la importancia que los testigos dieron a sus lágrimas (Cambell ed. 1978).

No son menos las visionarias que teorizaron sobre el llanto. Catalina de Siena (1347-1380) (figura 9) le dedicó un espacio privilegiado en el conjunto de sus obras al configurar su propia doctrina de las lágrimas y dos conmovedoras invitaciones al llanto. En dicha doctrina, determinó que se pueden distinguir cinco tipos de lágrimas: 1) las lágrimas de condenación o de las malas personas del mundo, 2) las lágrimas de temor servil o de las personas que se arrepienten por miedo al castigo divino, 3) las lágrimas de las personas que empiezan a redimirse de sus pecados y a amar a Dios, 4) las lágrimas de las personas que han conocido la perfección en la caridad con el prójimo, amando a Dios sin ningún interés, y 5) las lágrimas de dulzura o perfección, derramadas con suavidad por amor a Dios. A estas cinco clases adicionó las lágrimas de fuego, que son las de aquellos que ansían llorar por amor a Dios y no lo consiguen, siendo el Espíritu Santo el que llora por ellos ante el Creador (Catalina de Siena 1996: 209-228). Pero, al margen de su clasificación, para la dominica italiana la clave del llorar se concentró en el hecho de que todas las lágrimas, si bien eran expulsadas por los ojos, nacían siempre del corazón de las personas:

Te dije que las lágrimas proceden del corazón, y es la verdad, porque el corazón se duele tanto cuanto ama. Los hombres del mundo lloran cuando el corazón siente dolor, es decir, cuando están privados de lo que aman; pero son muchos y muy distintos sus llantos. ¿Sabes cuántos? Tantos cuanto son diferentes las clases de amor. (Catalina de Siena 1996: 220)

En la estela de santa Catalina se situó posteriormente la mismísima Teresa de Jesús (1515-1582), a la que Pierre Adnès señala en la voz *lágrimas* del *Dictionnaire de Spiritualité* (1974) como una de las últimas representantes de una saga de místicos y santos agraciados con el don de lágrimas (Eymar 2015: 513). Para las reflexiones sobre el llanto que se aprecian en varios de sus textos, la carmelita descalza se empapó de los conocimientos de algunos hombres que previamente habían abordado en profundidad la cuestión de las lágrimas, como Francisco de Osuna y su *Tercer Abecedario Espiritual* (1527), del que la religiosa poseía un ejemplar. De entre todas las obras de santa Teresa, las lágrimas sobresalen en el *Libro de la vida* (1562-1565), donde establece una jerarquización en función de los diferentes grados de la gloria. No obstante, son fundamentales también el *Camino de perfección* (1564) y las *Fundaciones* (1573) por su defensa de las lágrimas en la oración. Si las lágrimas se hacían presentes en la vida de cualquier orante, en la andadura espiritual de la religiosa abulense tomaban aún una mayor transcendencia por contribuir a la salvación de las ánimas que se encuentran en el

Purgatorio (Eymar 2015: 529-530, 534; Escobar 2016: 10) (figura 10). De este papel de mediadora del Más Allá fue heredera, años más tarde, la monja novohispana María de San José (1656-1719), cuyas lágrimas, según relata su autobiografía, se equiparon con la sangre de Cristo al calmar el fuego que sentían en su interior las almas que todavía estaban pagando sus deudas pendientes con la divinidad (Bieñko de Peralta 2009: 212). Es decir, a pesar de que la exhibición y la potestad del don de lágrimas había disminuido considerablemente ya en la segunda mitad del siglo XVII, el llanto de las mujeres visionarias no perdió toda su capacidad purificadora.

Los intentos de sistematización de las lágrimas acometidos por estas figuras femeninas no fueron un hecho casual. Contrariamente, nos ponen sobre aviso del cariz ambiguo del que, pese a su relación con la santidad y el magisterio espiritual, nunca se pudo desprender el llanto. Precisamente, por inclinar a menudo la balanza hacia la heterodoxia en lugar de hacia la ortodoxia, el llorar de algunas místicas ocasionó cierto escándalo en su época, como nos recuerdan la italiana Ángela de Foligno (1284-1309) o la inglesa Margery Kempe (1373-1438), que se vio sometida a varios procesos y juicios al ser sus incontrolables muestras sensibles percibidas como sospechosas e, incluso, impostadas (Rosenwein 2012: 253; Sanmartín Bastida 2012: 174-176). En el caso de Margery, el examen de sus lágrimas fue doblemente severo debido a la complejidad de su situación en el marco de la Inglaterra del siglo XV. Esto es, a pesar de que trató de identificarse con el arquetipo bíblico de la Magdalena, de que pretendió asumir la tradición mística femenina medieval imitando las lágrimas de María de Oignies o de Brígida de Suecia (1303-1373), y de que la venerada reclusa Juliana de Norwich (1342-ca.1416) certificó que su llanto era fruto de la gracia divina, el ser una mujer semi-religiosa pero casada, que contradecía a menudo a sus confesores para poder obedecer los designios del Señor, que predicaba por los caminos y que lloraba clamorosamente en público, no fue nunca visto con buenos ojos (Garí 2001).

Como sucesoras de las mencionadas religiosas que lloraron en la Edad Media europea debemos entender y enmarcar a las castellanas que abordo en los siguientes capítulos. Se trata de mujeres que, hasta hace tres décadas, habían pasado totalmente desapercibidas, quedando sus nombres y sus vidas relegados a la historia de la Iglesia. Por fortuna, hoy son numerosos los investigadores que las han estudiado desde ámbitos disciplinares distintos (véanse Surtz 1995 y Sanmartín Bastida 2012). Analizar las razones de su llanto, por desgracia también bastante olvidado, es un intento de contribuir a su recuperación y difusión, pero también una forma de trazar la evolución de la significación del llanto que llega hasta nosotros.

Las lágrimas en los beaterios
y conventos femeninos

Si nos embarcáramos en un viaje que nos condujera a los que años que transcurrieron entre 1400 y 1550, nos toparíamos en Castilla con las "santas vivas" (Zarri 1990). Nuestra travesía al pasado procuraría nuestro encuentro, cara a cara, con un grupo de mujeres que decidieron consagrar su vida a Dios y que, lejos de quedar aisladas del mundo, alcanzaron una gran autoridad en la corte de los Reyes Católicos. Inicialmente, la mayoría de las santas vivas fueron beatas y terciarias, es decir, como las beguinas, no se acogieron del todo al marco institucional religioso por vivir desde sus propios hogares o en comunidades de mujeres algún tipo de vida religiosa, en la que a lo sumo tomaban los votos de castidad, obediencia y pobreza y donde a veces se situaban bajo la disciplina de una Tercera Orden secular (Muñoz Fernández 1994: 6-7). Sin embargo, con el proceso de enclaustramiento que tuvo lugar a partir de la primera mitad del siglo XVI, algunas de ellas terminaron por abrazar la regla monástica y adquirir el estatus de monjas

(Muñoz Fernández 1994: 50-87). La peculiaridad de su historia, aunque se circunscribe a los pormenores de cada una de sus trayectorias, parte del nuevo paradigma espiritual que adoptaron y que las dotó, precisamente, de ese liderazgo religioso en su tiempo. Se trataba de un patrón de santidad en el que las prácticas habituales de su día a día no fueron otras que el ayuno extremo, la penitencia radical, los éxtasis eucarísticos y la entrega desmedida al prójimo. Además, muchas de ellas tuvieron carismas, estigmas y dones sobrenaturales que les valieron una popularidad muy extendida en la sociedad del momento (Sanmartín Bastida 2016: 185). Entre las primeras representantes de este fenómeno femenino divisaríamos primero a la jerónima María de Ajofrín (m. 1489), cuyos ángeles la azotaron en ocasiones por inobediencia de los mandatos divinos (González-Díaz 2022). También a la franciscana María de Toledo (1437-1507), que se dedicó al cuidado de los pobres hasta que los duros sacrificios y la miseria casi acabaron con su vida y que escogió encerrarse algunas temporadas entre cuatro paredes, al estilo de las reclusas europeas. Además, nos cruzaríamos con sus inmediatas coetáneas, la franciscana Juana de la Cruz (1481-1534) (figura 11), quien, pese a ser mujer, consiguió ejercer de predicadora y párroco o, en otras palabras, conquistó un terreno reservado para el género masculino. Y con la dominica María de Santo Domingo (¿1486?-1524), que bailaba sin parar cuan-

Figura 11. Grabado de Juana de la Cruz
en la biografía de Antonio Daza (1610)
[Fuente: Biblioteca Digital Hispánica. Imagen procedente de los
fondos de la Biblioteca Nacional de España. Signatura 2/46171]

do entraba en trance delante de un público que no podía apartar de ella su mirada.

Frente al desconocimiento de la nueva realidad que se presenta ante nuestros ojos, un pensamiento más que posible sería el que pusiera en tela de juicio el prestigio del que gozaron estas mujeres o, incluso, el que minimizara su éxito por haber pasado inadvertido. Sin embargo, esta incongruencia puede explicarse si nos remontamos a un personaje familiar para todos y con el que ya nos hemos cruzado en páginas anteriores: santa Teresa. Con el modelo que implantó su figura, el linaje místico femenino que la había precedido quedó, en parte, relegado al olvido. No obstante, la notoriedad de estas religiosas castellanas ha podido rastrearse más allá de sus propias vidas, pues sus historias se recogieron en libros de conventos o compendios de órdenes religiosas hasta la eclosión del fenómeno teresiano, si bien incluyeron las variaciones derivadas del Concilio de Trento (1545-1563) y la Contrarreforma.

Las obras que se gestaron al calor de las vidas de las místicas y visionarias de Castilla no son tampoco un asunto menor y, de hecho, afortunadamente, se está rescatando su importancia para el canon literario español en la actualidad. Conocer el valor de esta empresa destinada a devolvernos una herencia que el transcurso de los siglos y la falta de interés nos había arrebatado comienza por saber que las revelaciones de estas mujeres fueron puestas por escrito. A ello se dedicaron sus confesores y directores espirituales, quienes fueron conscientes de las ventajas económicas que, con sus discursos de inspiración divina, las santas vivas lograban para los beaterios y conventos. No obstante, en ocasiones también tomaron la pluma sus propias compañeras de orden, como en el caso de Juana, cuyas hermanas no dudaron en recopilar sus palabras dado su papel de intercesora o mensajera de Dios en la tierra (Sanmartín Bastida 2023b: 12-13). Sin embargo, la fama de santidad en vida no ha supuesto que lleguen a ser canonizadas, encontrándose solo hoy Juana en proceso de canonización (García Andrés 1999: 131-169; Gómez López 2004).

En la época de las santas vivas, las lágrimas estuvieron muy bien valoradas, y a su presencia en las revelaciones se le otorgó un gran prestigio. Ejemplo de esta realidad fue María de Santo Domingo, cuyas lágrimas se concibieron durante los tribunales eclesiásticos a los que fue sometida como una señal corporal de su unión con lo divino (Sanmartín Bastida 2023a: 93). Todo ello se justifica fácilmente si tenemos en cuenta que la vida de Catalina de Siena, quien en el capítulo anterior ya nos había invitado al llanto, fue traducida por orden del Cardenal Francisco Jiménez de Cisneros (1436-1517) para promover este paradigma de espiritualidad femenina en la Península. De hecho, fue solo posteriormente cuando en la Europa del Bajo Medievo las excesivas lágrimas se persiguieron recurrentemente por considerarse un comportamiento anómalo y peligroso.

Según nos cuentan sus *vidas*, muchas de estas religiosas castellanas tuvieron don de lágrimas, esto es, la divinidad las congració con la posibilidad de recuperar el favor perdido a través del llanto. Así, algunas de las mujeres sobre las que se dice presentaron don de lágrimas fueron las franciscanas Luisa de Sandoval (1418-1514) (Torres 1683: 527), Inés de San Antonio (m. ¿primera mitad del siglo XVI?) (Daza, 1611: 339) y María de la Concepción (m. primera mitad del siglo XVI) (Daza 1611: 341). También las dominicas Juana de los Reyes (¿siglo XV?) (López 1613: 337) y Juana de Ávila (siglo XV) (López 1613: 245). No obstante, debemos recordar ahora algo que ya he apuntado con anterioridad: muchos textos del período no incorporaron el propio término, por lo que es posible encontrar casos de mujeres, como la mencionada María de Santo Domingo, que, aunque no se afirmó por escrito, tuvieron don de lágrimas. Para María, el llorar tuvo una importancia sin igual en su vida, llegando a ser sus lágrimas una de las vías que le permitieron entrar en rapto. Durante la meditación, la dominica asumía, primero, las lágrimas de la Virgen y de la Magdalena en una especie de igualación por medio del llanto. Además, llevaba a cabo su ejercicio ante la presencia de unos espectadores que lo atestiguaban. Con ello, lograba que las lágrimas traspasaran la intimidad del espacio

Figura 3. *Las Lágrimas de san Pedro* (ca. 1612-1613), Jusepe de
Ribera [MET Museum, 2012.416, New York]

Figura 4. *Cristo coronado de espinas* (ca. 1470), Antonello da Messina [MET Museum, 32.100.82, New York]

Figura 5. Hoja con la *Pièta* de un Libro de Horas (último cuarto del
siglo XV) [MET Museum, 32.100.474b, New York]

Figura 6. *La Lamentación* (ca. 1330-1335), Maestro del Códice de
San Jorge [MET Museum, 61.200.2, New York]

Figura 7. *La Virgen de luto* (ca. 1525), copia póstuma del taller de
Dieric Bouts [MET Museum, 71.156-57, New York]

Figura 8. *Cristo se despide de su Madre* (ca. 1500), Gerard David
[MET Museum, 14.40.636, New York]

Figura 9. *Santa Catalina de Siena intercambiando su corazón con Cristo* (d. 1461), Giovanni di Paolo [MET Museum, 1997.117.3, New York]

Figura 10. *Santa Teresa de Ávila intercede por las almas del Purgatorio*, Peter Paul Rubens [MET Museum, 17.190.19, New York]

privado, y que su ascensión hacia la divinidad fuera constatada por todos y ante todos (Sanmartín Bastida 2023a: 98).

A pesar de que esta gracia se constituyó como el fundamento primero de sus lágrimas, no fue el único. Las lágrimas durante las encomendaciones fueron frecuentes entre las santas vivas. Durante sus peticiones a Dios o la Virgen en busca de ayuda o favores, lloraron en el refectorio o en la soledad de sus celdas con la esperanza de ser escuchadas. Juana de la Cruz ilumina nuestra visión de esta escena, pues, con miedo y desesperación, pidió llorando al Señor que enviara un ejército de ángeles para que luchara contra los demonios que habían tomado el convento de Santa María de la Cruz en Cubas de la Sagra:

Estando esta bienabenturada en su zelda otro día, viernes a la medianoche, le fue mostrada una visión muy dolorosa, que le pareçía se avría todo el Ynfierno o veya los demonios d'él en el monasterio. […] Y estando muy atormentada de ver cosas tan temerosas, empezó con mucho aynco en lágrimas a rogar e suplicar a Dios de su poderosa mano le ymbiase socorro y quien le hechase aquella tan mala hueste que delante de sí veya. Y estando por algún espaçio de tiempo sin ser socorrida, e creçiéndole mucho el temor e afliçión en su ánima, plugo a Nuestro Señor oyrla su oraçión en lágrimas y enbialle a su sancto ángel y a otros muchos ángeles que venían con él, para la favoreçer en su tribulaçión, entre los quales vino el archángel Sant Miguel, e otro ángel muy alto, a quien Nuestra Señora la Virgen María tiene encomendada la guarda de su bendita casa. Y estos sanctos ángeles pelearon fuertemente contra la malina hueste. (*Vida y fin de la bienabenturada virgen sancta Juana de la Cruz*: 79r-79v)

La batalla terminó con la victoria de estas criaturas celestes que, aun siendo menores en número, hicieron que los espíritus infernales huyeran asustados. No obstante, Laruel, el ángel de la guarda de Juana, le advirtió de que los enemigos volverían al convento por estar la malicia alojada en algunos de los corazones de sus hermanas. También suplicaron entre lágrimas a Dios la franciscana Francisca de San Antonio (m. ¿primera mitad del siglo XVI?), que consiguió que la Virgen la auxiliara en sus lecciones para que la maestra de novicias no la amonestara (Daza 1611: 338), y la dominica María González (m. siglo XVI), cuyos oficios dentro de la comunidad le propiciaron un gran desasosiego por impedirle asistir a misa:

Hallándose un día de Nuestro Padre Santo Domingo en la cocina, que servía en ella aquella semana, estando guisando la comida, oyó tañer a alzar en la misa mayor y, congojándose de no poder ir adorar el Santísimo Sacramento, dijo con muchas lágrimas: "Señor mío, no te puedo ver, veme tú a mí por tu misericordia", y, volviendo los ojos hacia la iglesia, se abrieron todas las paredes y vio y adoró lo que tanto deseaba. (López 1613: 245)

No fueron menos las ocasiones en las que los ojos de María de Ajofrín se inundaron de lágrimas cuando hacía una petición a la divinidad. La bienaventurada lloró desconsoladamente para socorrer a las ánimas que penaban en el Purgatorio (Ajofrín siglo XVIII: 105r-105v), del mismo modo en que años más tarde veíamos hizo Teresa de Jesús, y rogó también por el bienestar de quienes la rodeaban. Quizá sus lágrimas más desesperadas, en este sentido, fueron las que cayeron por sus mejillas mientras imploraba a la Virgen que la prelada del convento de San Pablo de Toledo sanara de la terrible enfermedad que la acosaba desde hacía años:

Tres días antes de la fiesta de San Lorenço, estando enferma la hermana maior de dolor de costado, desahuziada de los físicos, con el sarrillo levantado que se finava esta santa mujer, de que la vio en la agonía de la muerte, fuese a la capilla a una hora de la noche y estuvo ante el altar de Nuestra Señora hasta las doze con muchas lágrimas, rogando mui afincadamente a Nuestra Señora que no quedase ella guérfana de tan gran bien, y que se la quisiese dar sana y viba. (*Vida de la bienabenturada virgen María de Ajofrín*: 218v-219r)

Este llanto causado por el malestar o la dolencia de un allegado podemos percibirlo igualmente en mujeres castellanas con fama de santidad que no se adscribieron a una orden religiosa concreta. Es el caso de la devota Ana de Cuéllar (m. 1587), quien, tras una vida de celibato junto a su marido, suplicó a Dios que le devolviera a este último la voz para que pudiera confesarse antes de morir:

Casose con un hombre viudo llamado Pedro de Peralta y, por ser ella amiga de honestidad y el hombre bien inclinado, acabó con él que estuviesen juntos como hermanos. Y así estuvieron casados veinte y ocho años, quedando ella virgen hasta la muerte. Y en la muerte del marido aconteció una cosa de ser sabida y es que, súbitamente, le dio una apoplejía que le quitó la habla y sentidos, lo cual causó a la mujer piadosa gran dolor por ver que moría sin confesión. En este día hacía el pueblo una procesión a cierta ermita y, con angustia de su corazón, tomó una vela en la mano, y fue y volvió en la procesión de rodillas, las carnes arrastrando sobre la tierra, suplicando a Nuestro Señor con muchas lágrimas volviese a su marido la habla y sentidos, y que no fuese servido que muriese sin confesión. Acabada la procesión, vino a su casa y halló a su marido con su habla y sentidos, y hizo que confesase y comulgase y recibiese la extremaunción. Y hecho esto, murió en paz con mucho consuelo de su mujer. (Villegas 1589: 121v)

Como hemos podido observar, su petición, su tristeza piadosa y su duelo espiritual acompañados de abundantes lágrimas posibilitaron que Pedro de Peralta muriera habiendo recibido los Santos Sacramentos.

Al margen de los efectos alcanzados con el llanto, la humildad se concibió como el criterio idóneo, según proclamó santa Teresa en las *Moradas* (1577), para verificar si las lágrimas de una persona habían sido concedidas por Dios (Eymar 2015: 531). Quizá se debió a que la humildad fue un elemento definitorio en la determinación de la santidad de alguien, como nos demuestran María de Ajofrín, que no quería contar sus revelaciones a su confesor por creerlas un asunto menor, o Juana de la Cruz, que ocultó un tiempo sus estigmas por sentirse indigna de los favores del Cielo (Sanmartín Bastida 2020: 132). En los arranques de lágrimas de las visionarias castellanas la humildad era frecuente sobre todo en las ocasiones en las que no reconocieron su virtuosismo, llegando incluso a perjudicarse a sí mismas. La jerónima María García (1340-1426), por ejemplo, se opuso en un inicio a liderar la casa espiritual que terminó siendo el monasterio de San Pablo de Toledo cuando sus compañeras la propusieron para el cargo:

Pusiéronse unos hábitos blancos y un escapulario pardo, el mismo que tenían los muy recientes monjes de la Orden de San Jerónimo, sin saber qué hacían. También se determinaron luego a obedecer todas a una cabeza porque no fuese monstruo de muchas aquel colegio, y de común acuerdo quisieron todas que fuese doña María García de Toledo, porque tenían mucha prueba de su virtud y prudencia, que bastaba a mayores cosas. Como era la santa tan en el corazón humilde, recibió aquello con harta dificultad, derribada de los ruegos y lágrimas de sus hermanas, a quien ella quisiera obedecer toda la vida. Este fue el primer fundamento y estas las primeras fundadoras del Monasterio de San Pablo de Toledo [...]. (Sigüenza 1600: 761)

Un comportamiento similar fue el de la franciscana Isabel Portocarrero (m. primera mitad del siglo XVI), quien, como una niña asustada, decidió esconderse en un hueco del altar para no cumplir el mandato del padre fray Aloísio Puteo y del padre fray Francisco de Guzmán de convertirse en abadesa del convento de la Concepción de la Puebla de Montalbán: "sacáronla quitando la tabla y salió muy llena de telarañas y polvo. Y con tan profunda humildad y lágrimas se excusaba de aceptar el oficio que el general y el comisario general, admirados y enternecidos, derramaron muchas lágrimas" (Salazar 1612: 497). No obstante, la humildad de estas mujeres trasluce también en las situaciones en las que pidieron perdón sin, verdaderamente, tener que hacerlo. La joven franciscana Florentina de los Ángeles (m. 1568) encarnó esta actitud al disculparse con sus hermanas cuando la criticaron a sus espaldas sin motivo aparente o, siendo sinceros, por la envidia que les generaba su buen hacer:

> No dejaba por esto de ser murmurada, mas ella las quietaba con tanta discreción que, en sabiendo estaba alguna ofendida, iba a buscarla, se echaba a sus pies y con muchas lágrimas se los besaba y la pedía perdón, diciendo: "Ángel mío, esto no debe de estar en vuestras manos, pues lo permite Dios, por que una pecadora como yo sea aborrecida". (Torres 1683: 543)

De hecho, Florentina no solo se sintió culpable por incomodar a las otras religiosas, sino que pensaba que debía ser despreciada por ellas dados sus supuestos pecados. Este llanto se inscribe en el patrón de santidad femenino europeo que hemos descrito ya, pues la religiosa belga Beatriz de Nazaret (¿1200?-1269) se deshizo de igual forma en sollozos ante la incomprensión de otras monjas (Sanmartín Bastida 2023a: 95).

Muy diferentes son las lágrimas que experimentaron las santas vivas por los pecados que sí cometieron. Es más, las lágrimas de compunción, junto a las de la Pasión, se constituyeron como la razón fundamental del llanto religioso y, en consecuencia, fueron comunes en todas ellas. Precisamente, María de Santo Domingo sufrió grandes tormentos por sus pecados y, por esta causa, la bebida que tomaba iba mezclada con las lágrimas de compunción que le brotaban continuamente de los ojos (*Breve y Sumaria relación de la fundación de este convento de Santa Cruz de la Magdalena de Aldeanueva*: 5v). Esta interesante vivencia la equipara con María de Oignies, quien con dulzura declaró que las lágrimas eran el único sustento que necesitaba para vivir al haber sido otorgadas por Dios. Su llanto, según decía, era el único manjar para ella, el pan que, de noche y de día, alimentaba su mente y saciaba su alma (Vitry 1986: 180).

Este tipo de ayuno radical encontró su equivalente en Castilla, donde mujeres como la franciscana Leonor de San Juan y Saavedra (m. 1563) se impusieron a sí mismas ingerir tan solo pan y agua, mezclada esta última con sus llantos: "Hace la salva la oración en la mesa de los penitentes, cómese solo para templar el hambre y tal vez se templa con desazones y pan y casi siempre la corta bebida va mezclada con lágrimas" (Torres 1683: 745). Como Leonor, Dauphine de Puimichel basó su dieta en un pan bañado en lágrimas (Cambell ed. 1978: 49, 259-260, 486-487). Sin embargo, la falta de alimento no fue el único tormento físico que se vinculó a las lágrimas femeninas. El cuerpo sufriente fue un signo de autoridad espiritual para la genealogía mística europea a la que pertenecieron nuestras visionarias debido a que se concibió como un espejo del dolor de Cristo, una forma de aproximarse al Creador por medio de los padecimientos físicos (Cirlot y Garí 2021: 42; Boquet y Nagy 2018: 240; Sanmartín Bastida 2020: 128). El papel de doliente fue alcanzado por estas mujeres a través de los sacrificios extremos que, muchas veces, condujeron a la enfermedad y estuvieron acompañados de sollozos y gemidos. Este tipo de lágrimas, que ya califiqué "de disciplina" por vincularse a las duras penitencias que llevaron a cabo, puede localizarse en algunas religiosas que experimentaron problemas de visión derivados de su permanente llanto (González-Díaz 2023: 114-116). Nos topamos, en este sentido, con la franciscana Catalina de Santa Clara y Oscos (segunda mitad del siglo XV-1514), quien pasaba largas horas orando hasta el punto de que los ojos se le quedaban totalmente ensangrentados: "Su celda era el coro, donde descansaba un breve rato, y lo demás gastaba en oración, con tantas lágrimas, que se le encarnizaron los ojos" (Torres 1683: 569). También con la dominica Escolástica de todos Santos (segunda mitad del siglo XV-primera mitad del siglo XVI), que terminó por quedarse ciega de tanto llorar: "descansaba allí algunos ratos de la noche, aunque eran muy pocos, porque, de noche y de día, estaba en continua oración, derramando siempre lágrimas con tanta abundancia que vino a perder la vista" (López 1613: 226). La ceguera resultante del llanto fue un fenómeno comúnmente retratado en los textos sobre figuras femeninas que precedieron a las santas vivas castellanas, pues se creía que las lágrimas purgaban los ojos (antes incapaces de ver) y agudizaban la vista para descubrir la claridad divina en el interior (Eymar 2015: 518). De entre sus nombres, resuenan con fuerza el de la mística y monja cisterciense santa Lutgarda de Aywières (1182-1246), así como el de Beatriz de Ornacieux (m. 1303) que, si bien nunca dejaron de ver, temían hacerlo por sus continuadas lágrimas (Knight 2012: 146; Sanmartín Bastida 2023a: 95). También el de Dauphine de Puimichel, quien prefería que el llorar consumiera su cerebro y le arrebatara la visión a renunciar a unas lágrimas que purificaban el "ojo" del corazón en el proceso de reconocer a Dios (Cambell ed. 1978: 50). Pero, sin ninguna duda, el caso más llamativo fue el Humiliana de Cerchi, quien, habiendo perdido la gracia divina del llanto tras lamentarse por la muerte de algunos de sus familiares, es decir, por asuntos mundanos, se aplicó cal viva en los ojos para que el Señor se compadeciera de ella y optara por devolvérsela (Knight 2012: 142-144).

Además, hay que tener que presente que las lágrimas disciplinarias no se valoraron solo de manera individual, sino que tuvieron un notable reconocimiento dentro de la comunidad religiosa. Este hecho lo ilustró a la perfección María de Santo Domingo, de la que se alabó no solo el llanto nacido de las autolesiones, sino la capacidad de infundir su vocación a las jóvenes vírgenes que, a imitación suya, ingresaron en el convento de Aldeanueva de la Cruz:

En España florece en estos tiempos una esclarecida Virgen llamada Soror María de Santo Domingo de admirable y prodigiosa santidad, la cual empezó a correr con tanto crédito y estimación entre los suyos que ninguno se tenía por noble que no la entregase sus hijas y parientas para que con su doctrina y ejemplo fuesen en toda buena disciplina educadas, por cuya causa, viéndose con tantas niñas y deseando sirviesen a Dios con quietud y aprovechamiento de sus almas, fundó un monasterio en un lugar desierto cerca de una villa llamada Piedrahita, en el cual llegó a juntar y tener en su compañía muy cerca de cuatrocientas vírgenes, todas nobles y de ilustre sangre y esclarecido linaje, las cuales empezaron a vivir con tan grande rigor y observancia y con tan singular fervor y espíritu y con tal pureza de vida que parecía renacer en ellas el antiguo fervor de la primitiva Iglesia, porque, a la verdad, era cosa maravillosa ver allí a tantas nobles y tiernas doncellas criadas con tanto regalo menospreciar las comidas delicadas y regaladas de sus casas y tener por sus mayores delicias pan y agua rociado con ceniza. Su bebida iba mezclada con las lágrimas de compunción que continuamente derramaban. (*Breve y Sumaria relación de la fundación de este convento de Santa Cruz de la Magdalena de Aldeanueva*: 5r-5v)

Las lágrimas que ocasionó en las santas vivas la penitencia radical no fueron las únicas que acortaron la distancia con el Hijo de Dios. El llanto por la Pasión, que parece que había quedado reservado para la santidad, fue común en las trayectorias de las beguinas, beatas y terciarias por permitirles justificar el modo poco convencional que habían escogido al acercarlas a Cristo a través de la humillación en la cruz (Petroff 1986: 40; Sanmartín Bastida 2012: 165). Si retomamos la figura de la "santa" Juana, descubrimos que el llorar tuvo en ella dicho efecto. Tal y como narran sus *vidas*, un Viernes Santo, habiendo estado toda la mañana meditando la Pasión, la bienaventurada entró en el coro llorando y mostrando grandes dificultades para andar. Al verla tan lastimada, con numerosas heridas en manos y pies, sus compañeras la llevaron a la celda y la interrogaron sobre su desoladora situación. Cuando volvió en sí, Juana confesó que el Señor había juntado las extremidades de ambos para que las marcas de su dolor quedaran plasmadas en su cuerpo y le fuera posible, de esta manera, sentirlo en sus carnes. Sus lágrimas fueron entonces como las que Cristo lloró:

preguntándole las religiosas qué era aquello, respondió con muchas lágrimas y dolores que sentía que había visto a Jesucristo Nuestro Señor crucificado, que llegándose a ella había juntado sus manos con las suyas y puesto sus pies con los suyos; y que luego había sentido gran dolor en su espíritu y gran sentimiento en sus manos y pies, que eran tan recios que no los podía sufrir. (Salazar 1612: 531)

Además, consciente de la importancia de este llanto religioso, en un intento de desempeñar con firmeza su cargo de abadesa, Juana transmitió a sus hermanas que una buena oración requería ir siempre acompañada de lágrimas por la Pasión:

"la tal oración hecha de otra manera no la tengo por digna de ser resçivida ante el acatamiento divino, ni tanpoco me pareçe ser muy fructuosa ni a mi ánima se abasta ni consuela, ni tengo por entera oración la que es algo tibia y relaxada. Mas doos por consejo, señoras mías, que no offrezcáys a Dios solo un sacrifiçio, mas tres e quatro, e más si pudiérades, porque cada hora podría qualquiera persona offreçer a Dios tres sacrifiçios prinçipales, los quales son estos: el primero, el afiçión y contemplaçión muy viva hecha dentro del coraçón e ánima; el segundo, oración vocal e graçias e loores a la Magestad Divina sin çesar; el tercero, alguna penitençia, e golpes e heridas dadas secretamente. Y aun para deshechar la azidia, se puede añadir lavar de manos. Y haviendo soledad e tiempo sufiçiente, es bueno haver lavatorio, e fuentes de lágrimas lloradas de contriçción de los peccados o por compasión de la Passión de Nuestro Señor Jesuchristo". (*Vida y fin de la bienaventurada virgen sancta Juana de la Cruz*: 16v-17r)

Más allá de asemejarlas a Cristo, el llorar favoreció que las místicas y visionarias se identificaran con otros personajes de la tradición de la Iglesia o pertenecientes a la corte celestial. Así, se reveló la importancia que adquiría el arquetipo bíblico, antes mencionado en relación con la Magdalena, en sus vidas, pues su imitación era un recurso empleado para salir absueltas de los juicios y escrutinios a los que les sometieron las jerarquías eclesiásticas masculinas (Cirlot y Garí 2021: 36, 58). En el caso de María de Ajofrín, las lágrimas la igualaron con la Virgen. Este llanto tuvo lugar después de que, como veíamos previamente, la jerónima llorara para que la hermana mayor del convento se curara de su enfermedad. En ese instante, experimentó la sensación de que sus lágrimas eran las mismas que las que corrían por las mejillas de la Madre de Dios:

Estando ansí, en su importuna petición y lágrimas, vio que el rostro de la imagen se cubría de sudor; pensó que se le antojaba y que las lágrimas que ella tenía en los ojos le parecía que estaban en el rostro de la Virgen; para ver si era ansí, atreviose a llegar con su toca y limpiarle el sudor, y por tres veces hizo esto, de tal suerte que quedando la toca humedecida se lavó los ojos y la cara con ella; del placer que tomó, tornó con más confianza y alegría a rogar por la salud de la hermana mayor. (Sigüenza 1605: 486)

El entusiasmo que experimentó María de Ajofrín al igualarse con la Virgen a través del llanto pone en evidencia que las lágrimas fueron también el altavoz para comunicar su sentir religioso. De hecho, muchas de estas mujeres lloraron no solo de alegría, sino de frustración y tristeza en el camino de consagrar su vida a Dios y abrazar la perfección cristiana. De los ojos de Bárbara de Santiago (m. 1566) brotaron innumerables lágrimas al verse en la obligación de contraer matrimonio con Lope Zapata (Villegas 1589: 106v), y la propia Juana de la Cruz lloró en su mocedad ante la negativa de su padre de entrar en el convento de Santo Domingo junto a su tía (*Vida y fin de la bienabenturada virgen sancta Juana de la Cruz*: 5v-6r).

En este contexto, las imágenes sagradas contribuyeron también al llanto, ya fuera porque las santas vivas se conmovían en el propio acto de la contemplación o porque las imágenes ejercían de guías en el reconocimiento de unas emociones que compartían con ellas (Sanmartín Bastida 2023b). La citada Margery Kempe estalló entre gritos y lágrimas al observar una *Pietà* (Navas 2023: 85). Y, al mismísimo estilo de la mística inglesa, lo hicieron también visionarias como María de Ajofrín, cuya devoción procuró que llorara de contento tras percibir más alegría de la acostumbrada en una imagen de la Virgen:

> Estando una vez entre otras haciendo oración delante la misma imagen, el día octavo después que murió, a las dos horas de la noche, vio el rostro de la imagen más alegre que otras veces, y que le parecía como vivo, y como con semblante de quererle hablar. La santa, con el alegría que recibió desto, comenzó a derramar muchas lágrimas y comenzose a trasportar. (Sigüenza 1605: 487)

Sin embargo, las lágrimas de alegría que pueden equipararse con el cuarto y quinto estado de lágrimas descrito por Catalina de Siena, es decir, con las lágrimas de perfección fueron las que se derivaron de la unión con Dios o de la caridad que se experimentaba hacia al prójimo. Ejemplo de este tipo de llanto fueron las lágrimas vertidas, al tomar los Santos Sacramentos, de la franciscana Francisca de Santa Clara (m. primera mitad del siglo XVI), quien murió llorando por ello (Daza 1611: 341); las lágrimas que presentó María de Toledo cuando le comunicaron que se había reconquistado Granada y que, en consecuencia, se salvarían muchas almas (Yanguas 1684: 10v); las lágrimas de la jerónima María de la Visitación (1505-1570) al contemplar cómo una monja estaba siendo engañada por el demonio (Villegas 1589: 65v); o las lágrimas de la franciscana Juana Rodríguez (m. 1505) por su empatía con los más necesitados: "Con los pobres enfermos y afligidos, de tan maravillosa y entrañable charidad se enternescía que, por la consolación dellos, toda se resolvía en lágrimas" (Lisboa 1570: 212r). En cualquier caso, como acabamos de comprobar, el llanto de estas mujeres, al margen de las diferencias que comportara, guio cada uno de sus pasos hacia lo que consideraron el verdadero fin de su existencia: su ansiado encuentro con el Creador.

EL LLANTO DEL ÁNGEL

La profunda necesidad que experimentó María de Santo Domingo porque la práctica de sus lágrimas fuera contemplada por un público que, al mismo tiempo, las ratificara erigía al llanto en una suerte de lenguaje compartido. La dialéctica de los que lloraban y los que veían llorar se instituyó así entre las místicas y visionarias castellanas y su entorno inmediato, el cual estaba conformado por sus allegados en la tierra, pero también por los miembros de la corte celestial que pululaban por sus visiones. Este diálogo, no obstante, producía trasvases de igual modo, permitía el intercambio de roles entre unos y otros: como decíamos, la dominica precisaba llorar ante una audiencia para entrar en trance, pero esa audiencia, inevitablemente, también lloraba al escuchar sus discursos (Sanmartín Bastida 2023a: 93). En su papel de "ser aquel que llora" quienes rodearon a las santas vivas también encontraron sus propios motivos. Que ellas fueran el germen de no pocos de sus llantos despierta el interés por analizarlos, pues constituyen otra ventana desde la que podemos asomarnos para observarlas. Abrámosla de par en par.

Los sollozos que provocaron las santas vivas entre sus círculos terrenales más cercanos fueron una confirmación de sus dones carismáticos. Tanto las comunidades espirituales como su parentela legitimaron su santidad en forma de lágrimas. María de Ajofrín nos sirve de nuevo para aproximarnos a esta verdad irrefutable, incluso después de haber muerto. Tras su fallecimiento, una terciaria de Toledo que tenía un bulto maligno en el pecho y a la que los médicos habían dado por perdida consiguió curarse por llorar sin cesar sobre sus restos mortales (*Vida de la bienabenturada virgen María de Ajofrín*: 226r-226v). El cuerpo incorrupto como marca hagiográfica quedó validado, entonces, a raíz del milagro que desencadenaron las lágrimas de esta religiosa enferma.

Algo similar nos demuestra la "santa" Juana, pues, después de desprestigiarla con dureza, un inquisidor acabó llorando abatido al constatar que Dios se expresaba por boca de la franciscana:

Acaeçió que vino un ynquisidor, muy arrojado letrado y juez de la Sancta Ynquisiçión, con yntençión d'especular esta graçia, lo qual no havía dicho a nadie su yntençión. Y entrando a oýr con los otros, fueron tales las cosas que en su ánima sintió que, a la mitad de la habla, se yncó de rodillas, e con muchas lágrimas la acavó de oýr. Y de que esta sancta virgen fue tornada en sus sentidos, rogó a la abbadesa se la diese a hablar por el locutorio. Y assí fue, que la habló y le dixo la yntençión con que havía venido, la qual ninguna persona la havía savido de su boca, sino hera ella en aquella hora, y que heran tales las cosas que le havía oýdo que no podýan ser dichas sino de Dios. E dávase en los pechos con lágrimas, e dezía: "Yo, como malo y peccador, venía a arguyr a Dios, y tal hera mi yntençión. Ruégoos, señora, por la charidad, roguéys a Dios por mí que me perdone". (*Vida y fin de la bienabenturada virgen sancta Juana de la Cruz*: 31v)

Pero, quizá, el llanto más más valioso, en este sentido, fue el de la madre de María de Toledo, ya que pasó a ser un instrumento que la equiparó con la imagen piadosa de la Madre de Dios. En uno de los textos de la franciscana se relata cómo su progenitora, ante la repentina muerte de su hija, arrebató de los brazos de la Virgen al Niño Jesús y le aseguró, entre lágrimas, que no se lo devolvería hasta que la reviviera:

llegando a su madre esta noticia, ya no disgustada sino afligida de oír decir que ya habían sacado el cuerpo de su hija de su celdilla a la capilla de Gaitán que era la del hospital, y que se trataba de darla sepultura, salió apresurada de sus casas, y viendo a su hija muerta, llevada del afecto de madre, se hincó de rodillas delante de una imagen de Nuestra Señora pidiéndola con fervorosas lágrimas restituyese la vida a su hija, pues era fácil a su intercesión; y, tomando a la imagen el santo Niño Jesús que tenía en los brazos, la dijo: si no me dais la hija que os ruego, yo no he de volver a vuestro hijo, a cuya devota sinceridad y tiernas lágrimas inclinada la madre de clemencia restituyó a la vida a la difunta. (Yanguas 1684: 11r-11v)

Como hemos podido leer, el fallecimiento de la visionaria toledana y, más concretamente, las lágrimas que ocasionó fueron las que obraron el milagro de la resurrección. Su progenitora se identificó con la Virgen por medio de la experiencia de la maternidad. Se situó en el mismo plano que ella, la trató de igual a igual, pues ambas, por encima de todo, eran madres.

La misma Virgen vertió incontables lágrimas en las visiones que tuvieron las santas vivas. Su turbación fue fruto de la mala praxis de muchos religiosos. Y en sus revelaciones, las advirtió de las apocalípticas consecuencias de estas irregularidades. Así las cosas, María de Ajofrín fue arrobada en espíritu y llevada a un luminoso claustro en el día de la Ascensión. Durante el rapto, pudo ver a la Virgen, quien, llorando amargamente, denunció a algunos diocesanos por haber faltado a las obligaciones de su cargo:

en el altar estava Nuestra Señora, la Virgen María, en cuerpo y en ánima, teniendo en sus manos el su Santo Hijo vibo, ansí como lo parió. E Nuestra Señora deçía a altas vozes con lágrimas, y demostrava el su santo hijo al pueblo, y deçía: "He aquí el fruto de mi vientre, tomaldo e comeldo, que en çinco maneras es cada día cruçificado en las manos de los malos sacerdotes; la una es por la mengua de la fe; la otra es por la cobdiçia; la otra por la luxuria; la quarta por la ignoratia de sinples y necios sacerdotes que no saben discerner inter lopran & lepran; lo quinto por la poca reverentia que façen al Señor, depués que le an reçebido". E dixo más Nuestra Señora: "Más sin reverentia es comida la carne de mi hijo de los indignos sacerdotes que el pan que es dado a los perros". (*Vida de la bienabenturada virgen María de Ajofrín*: 197r)

En el día de la Resurrección, la jerónima fue también transportada ante la Virgen. La misión que se le encomendó durante el trance fue buscar cobijo para ella y para el Niño Jesús. Obedeciendo este mandato, la joven religiosa recorrió las calles de Toledo con el Hijo de Dios entre los brazos. Sin embargo, no halló a nadie que les abriera las puertas y les ofreciera protección. La falta de hospitalidad de las gentes procuró el llanto de la Virgen, que, asimismo, previno a la visionaria de que el Señor enviará a su ángel para que azotase con el hambre, la enfermedad y la muerte al pueblo y, especialmente, a los sacerdotes (González-Díaz 2022: 41-42):

> Y así le tomaron a Nuestra Señora el Niño de las manos de la dicha su sierva y con muchas lágrimas deçían así aquestas palabras: "Venido es el tienpo en el qual tan gran deshonra es venida a [e]l Hijo de Dios, mas ia tienpo es que enbíe el Señor su ángel con azotes y aún que fiera a unos y a otros con espada, e a otros con pena de fuego". (*Vida de la bienabenturada virgen María de Ajofrín*: 196r)

Estas visiones de María de Ajofrín adquirieron interés por girar en torno a un grave conflicto: el hecho inaudito de que un mensaje divino, que encerraba severas críticas contra la relajación del clero secular, fuera transmitido en voz de mujer (Muñoz Fernández 1994: 123). Por ello, en la línea de lo que advertía antes al mencionar su humildad, la beata solo dio a conocer sus revelaciones cuando fue presionada por sus directores espirituales.

Al margen de la Virgen, hubo otros habitantes del Cielo que lloraron por las santas vivas, me refiero a los ángeles (figura 12). Afirmar que un ángel puede derramar lágrimas es una cuestión compleja que se inserta en un debate de mayor envergadura, donde se pronunciaron tanto los Padres de la Iglesia como autores de la Antigüedad exper-

Figura 12. *Cristo como Varón de Dolores entre dos ángeles* (ca. 1500), Israhel van Meckenem [MET Museum, 51.555, New York]

tos en materia angelológica. La pregunta que se plantearon y que nos devuelve un eco ya muy lejano es evidente: ¿acaso podría llorar lo invisible, lo que escapa a la mente humana, lo que nunca se alcanza a tocar?

El llanto angelical por excelencia fue el del ángel de la guarda de Juana de la Cruz. Esta circunstancia no debe extrañarnos, pues Laruel desempeñó un papel crucial en la trayectoria de la franciscana desde su infancia hasta el mismo día en que murió. Laruel, en contraste con los ángeles que se vislumbran en los textos sobre otras mujeres, fue el compañero, protector y guía de Juana durante toda su vida. De hecho, las lágrimas de este ángel únicamente se entienden en el contexto de la estrecha relación que mantuvo con la "santa"; él lloró solo una vez y lloró porque ella iba a ser atacada por sus enemigos:

E suplicándole, le pregunté me dixese por qué havía llorado aquella primera vez que le vi en la escuridad, que entonçes de temor e reverençia suya no se lo osé preguntar, e respondiome, diziendo: "Por compasión que huve de ti, lloré de verte cercada de muchas persecuçiones que has de tener. E te as de ver en ellas así de enemigos spirituales, que son los demonios, como temporales, que son las criaturas de la Tierra, e de muchas enfermedades y maneras de tribulaçiones que as de pasar; e de ver que tu spíritu estava fuera de tu cuerpo, y hera voluntad de Dios que tornases a él". (*Vida y fin de la bienabenturada virgen sancta Juana de la Cruz*: 22r-22v)

En la línea de lo que manifestó el ángel, Juana se enfrentó en el convento a duras situaciones, como el acoso de los demonios que vimos unas líneas atrás, las graves enfermedades que le sobrevinieron al final de sus días, o la injusta denuncia de una compañera por nepotismo, la cual provocó su destitución como abadesa durante unos años.

Si retomamos la pregunta que he esbozado hace un momento, el llanto de Laurel podría resultarnos difícil de creer. Es más, este cuestionamiento se reforzaría si nos acogiéramos a la idea de que los ángeles son seres reales, pero incorpóreos (*Suma Teológica*, I, q. 51, a. 2). Sin embargo, fue generalmente aceptado que los ángeles asumen cuerpos no para su beneficio, sino para presentarse ante los hombres y mostrarles el mundo celeste en el que vivirán con ellos en el futuro (*Suma Teológica*, I, q. 51, a. 3). Esta toma de un cuerpo por parte de los ángeles les permite moverse accidentalmente cuando se mueven sus cuerpos, y favorece que lloren dado que, como dijimos al principio, el llanto es una manifestación corporal. Por ello, podemos deducir que el autor de la vida de Juana debió de ser conocedor de esta convicción sobre los ángeles y puso en boca del propio Laruel la justificación de sus lágrimas:

E yo preguntele: "¿Pues cómo, señor, dize, si allá en la Tierra que los sanctos ángeles no pueden llorar, y vos, señor, dezís que llorasteis? Y a mí así me pareçió que lo vi". Respondió: "No te maravilles, que assí como el Señor nos da poder e liçençia que tenemos estos cuerpos con que pareçemos los mesmos ángeles como en bulto humano, assí Él nos da liçençia e poder que mostremos algunas veçes sentimientos como de dolor, con vestigios de lágrimas, en tiempos y cosas convenientes, a compasaçión y charidad como es aver compasaçión de la pasión de Nuestro Señor Jesuchristo [...]". (*Vida y fin de la bienabenturada virgen sancta Juana de la Cruz*: 22v)

De hecho, tan extendido estuvo el llanto de los ángeles que en el *Libro del Conorte*, obra que incluye los sermones de Juana, se llegó a identificar con las vivencias del duelo que experimentaban las mujeres en la Edad Media, alcanzado incluso cotas más radicales que implicaban el dolor autoimpuesto (Muñoz Fernández 2006: 251-253). Sin embargo, el vínculo entre las lágrimas, las religiosas castellanas y los ángeles no residió exclusivamente en el llanto de estos últimos.

Por el contrario, Laruel, en su función de emisario de Dios, explicó en reiteradas ocasiones a su protegida cómo debían llorar ella y sus hermanas. Así, el ángel las ordenó que llorasen por la Pasión (ejercicio en el que cada uno de sus ángeles custodios las acompañaría), y que lo hiciesen imitando a la Magdalena:

> Respondió el sancto ángel: "Al señor Dios Jesuchristo besen los pies y las manos, y con lágrimas de sus ojos y toda devoçión y reverençia, humildoso y piadoso acatamiento, contemplen y adoren, y acordándose de los clavos y tormentos con que fueron presos los generosos y delicados miembros del mesmo Dios y Señor Jesuchristo en el tiempo de su sagrada Passión. Y quando ellas esto hagan, y tú también, sus ángeles por ellas, y tú también, y yo por ti, offreçeremos aquella buena obra delante de Dios, como fue offreçida la obra de las lágrimas y penitençia de aquella muger sancta que se dize la Madalena". (*Vida y fin de la bienabenturada virgen sancta Juana de la Cruz*: 89r)

Como no debe extrañar ya a estas alturas, la mención a esta figura no fue arbitraria, pues, para el caso de las meditaciones de las santas vivas, cobró mucha importancia, sobre todo la que vive al pie de la cruz (Sanmartín Bastida 2012: 186, 191). Por tanto, comprobamos de nuevo que las lágrimas fueron un factor decisivo en la vida de estas mujeres por permitirles imitar el modelo femenino bíblico, tan necesario para respaldar su camino espiritual.

Epílogo

En el marco de lo apuntado, de la eterna dualidad que atraviesa a la retórica del llanto, del hecho de que lágrimas son ahistóricas pero dependen de los ojos que las reciben, de que no deben concebirse como una marca de género pero fueron muy habituales entre las mujeres, de que no se dieron de forma exclusiva en el ámbito religioso a pesar de la significación que alcanzaron en él, de que oscilaron entre la delgada línea que separa lo ortodoxo de lo heterodoxo (la cual pudo o no ser el motivo de subir a un persona a los altares) se sitúan las protagonistas de este libro. Se trata, como hemos visto, de mujeres que tuvieron fama de santidad en vida en la Castilla de finales de la Edad Media y que, según nos cuentan los textos que escribieron sobre ellas y que hemos conservado en la actualidad, lloraron en sus beaterios y conventos por causas muy diversas que nos han permitido hablar de distintos tipos de lágrimas. De entre todos, destacó el famoso don de lágrimas, el carisma acuoso que reveló su unión con la divinidad. Pero también otras lágrimas, menos perfectas, que despertaron motivos de muy diferente naturaleza. Además, tampoco debemos obviar que la importancia del llanto y la incuestionable familiaridad que estas místicas y visionarias mostraron ante él no emanaron únicamente de sí mismas, pues sus allegados y los personajes de la corte celestial con los que convivieron hasta el final de sus días (como la Virgen y los ángeles) lloraron con ellas y por ellas.

En conclusión, lloramos a diario, vemos continuamente llorar al otro, lloramos en público y en privado y, sin embargo, muchas veces no somos realmente conscientes de las implicaciones y del sentido de nuestras lágrimas. Por suerte, la historia, el arte y la literatura vienen a recordarnos que somos herederos de los que ya lloraron. Estudiar los productos culturales resultantes sobre este acto conductual y performativo es, por ende, una empresa necesaria. Es cruzar un puente entre el pasado y el porvenir al que no escapan las razones biológicas ni tampoco las coordenadas espaciotemporales en las que vivimos. Este libro partió de esa premisa y ha pretendido, para ello, indagar en las razones del llanto en el Medievo, concretamente, en los espacios intra- y extramuros que habitaron mujeres para las que llorar determinó el rumbo de sus vidas por convertirse o no en una prueba fehaciente de su santidad. Centrarse en ellas y en sus lágrimas no deja de ser un intento de contribuir a la recuperación y difusión de una realidad histórica distinta a la nuestra, pero también, si lo pensamos, de entendernos un poco más a nosotros mismos, pues, retomando las palabras de Christle, "Lo primero que hacemos cuando venimos al mundo es llorar".

BIBLIOGRAFÍA

VIDAS DE SANTAS VIVAS

Ajofrín, Francisco de (siglo XVIII): *Historia sacro-profana de la ilustre y noble villa de Ajofrín*, Ms. 2169 BNE, vol. 1, ff. 87r-145r, ed. Verónica Torres Martín (2022), *Catálogo de Santas Vivas*, coords. Rebeca Sanmartín Bastida y Ana Rita Soares, Madrid, Universidad Complutense de Madrid, https://catalogodesantasvivas.visionarias.es/index.php/Mar%C3%ADa_de_Ajofr%C3%ADn#Vida_manuscrita_.283.29

Breve y Sumaria relación de la fundación de este convento de Santa Cruz de la Magdalena de Aldeanueva de Nuestro Padre Santo Domingo, vida de su Fundadora y otras religiosas que han florecido con opinión de virtud y santidad sacada del Libro de Becerro, de Capítulos Provinciales y la tradición inmemorial de sus individuos, hasta el año 1737, Ms. Del Archivo Dominicano de la Provincia de España, sig. AHDOPE, D/A/ALD/1, ff. 1r-17r, ed. Borja Gama de Cossío (2021), *Catálogo de Santas Vivas*, ob. cit., https://catalogodesantasvivas.visionarias.es/index.php/Mar%C3%ADa_de_Santo_Domingo

Daza, Antonio (1611): "Vida de Francisca de San Antonio", *Quarta parte de la Chrónica general de Nuestro padre Francisco y su apostólica orden/compuesta por Fray Antonio Daça de su Orden*, San Francisco de Valladolid, Juan Godines de Millis y Diego de Córdoba, pp. 338-339, ed. Borja Gama de Cossío (2022a), *Catálogo de Santas Vivas*, ob. cit., https://catalogodesantasvivas.visionarias.es/index.php/Francisca_de_San_Antonio

Daza, Antonio (1611): "Vida de Francisca de Santa Clara", ob. cit., pp. 341-342, ed. Borja Gama de Cossío (2022b), *Catálogo de Santas Vivas*, coords. Rebeca Sanmartín Bastida y Ana Rita Soares, Madrid, ob. cit., http://catalogodesantasvivas.visionarias.es/index.php/Francisca_de_Santa_Clara

Daza, Antonio (1611): "Vida de Inés de San Antonio", ob. cit., p. 339, ed. Borja Gama de Cossío (2022c), *Catálogo de Santas Vivas*, ob. cit.,http://catalogodesantasvivas.visionarias.es/index.php/Inés_de_San_Antonio

Daza, Antonio (1611): "Vida de María de la Concepción", ob. cit., p. 341, ed. Borja Gama de Cossío (2022d), *Catálogo de Santas Vivas*, ob. cit., http://catalogodesantasvivas.visionarias.es/index.php/Mar%C3%ADa_de_la_Concepci%C3%B3n

Lisboa, Marco de (1570): "Vida de Juana Rodríguez", *Tercera parte de las Chrónicas de la Orden de los Frayles menores del Seráphico Padre S. Francisco (…) nuevamente ordenada y sacada de los libros y memoriales de la Orden (…)*, Salamanca, En casa de Alexandro de Cánova, ff. 212r-212v, ed. Sergi Sancho Fibla (2021), *Catálogo de Santas Vivas*, ob. cit., https://catalogodesantasvivas.visionarias.es/index.php/Juana_Rodr%C3%ADguez

López, Juan (1613): "Vida de Escolástica de todos Santos", *Tercera parte de la historia general de Santo Domingo, y de su orden de predicadores*, Valladolid, Francisco Fernández de Córdoba, lib. III, pp. 226-227, eds. Bárbara Arango Serrano y Borja Gama de Cossío (2023a), *Catálogo de Santas Vivas*, ob. cit., https://catalogodesantasvivas.visionarias.es/index.php/Escol%C3%A1stica_de_todos_Santos

López, Juan (1613): "Vida de Juana de Ávila", ob. cit., lib. II, pp. 244-245, eds. Bárbara Arango Serrano y Borja Gama de Cossío (2023b), *Catálogo de Santas Vivas*, ob. cit., https://catalogodesantasvivas.visionarias.es/index.php/Juana_de_%C3%81vila

López, Juan (1613): "Vida de Juana de los Reyes", ob. cit., lib. I, p. 337, eds. Bárbara Arango Serrano y Borja Gama de Cossío (2023c), *Catálogo de Santas Vivas*, ob. cit. https://catalogodesantasvivas.visionarias.es/index.php/Juana_de_los_Reyes

López, Juan (1613): "Vida de María González", ob. cit., lib. I, p. 245, eds. Bárbara Arango Serrano y Borja Gama de Cossío (2023d), *Catálogo de Santas Vivas*, ob. cit., https://catalogodesantasvivas.visionarias.es/index.php/Mar%C3%ADa_Gonz%C3%A1lez

Salazar, Pedro de (1612): "Vida de Isabel Portocarrero", *Crónica y historia de la fundación y progreso de la provincia de Castilla de la Orden del bienaventurado Padre San Francisco*, Madrid, Imprenta Real, pp. 495-497, ed. María González-Díaz (2021), *Catálogo de Santas Vivas*, ob. cit., https://catalogodesantasvivas.visionarias.es/index.php/Isabel_Portocarrero

Salazar, Pedro de (1612): "Vida de Juana de la Cruz", ob. cit., pp. 511-546, ed. Pedro García Suárez (2020), *Catálogo de Santas Vivas*, ob. cit., http://catalogodesantasvivas.visionarias.es/index.php/Juana_de_la_Cruz#Vida_impresa_.283.29

Sigüenza, Fray José de (1600): "Vida de María García", *Segunda Parte de la Historia de la Orden de San Jerónimo, dirigida al Rey, Nuestro Señor, Don Felipe III*, Madrid: Imprenta Real, lib. IV, pp. 756-767, ed. Lara Marchante Fuente (2023), *Catálogo de Santas Vivas*, ob. cit., https://catalogodesantasvivas.visionarias.es/index.php/Mar%C3%ADa_Garc%C3%ADa

Sigüenza, Fray José de (1605): "Vida de María de Ajofrín", *Tercera Parte de la Historia de la Orden de San Jerónimo, dirigida al Rey, Nuestro Señor, Don Felipe III*, Madrid, Imprenta Real, lib. II, pp. 465-497, ed. Lara Marchante Fuente (2023), *Catálogo de Santas Vivas*, ob. cit., http://catalogodesantasvivas.visionarias.es/index.php/Mar%C3%ADa_de_Ajofr%C3%ADn#Vida_impresa_.284.29

Torres, Alonso de (1683): "Vida de Catalina de Santa Clara y Oscos", *Chrónica de la Santa Provincia de Granada, de la regular observancia de N. Seráfico Padre San Francisco*, Madrid, Juan García Infanzón, pp. 569-570, ed. Borja Gama de Cossío (2020a), *Catálogo de Santas Vivas*, ob. cit., https://catalogodesantasvivas.visionarias.es/index.php/Catalina_de_Santa_Clara_y_Oscos

Torres, Alonso de (1683): "Vida de Florentina de los Ángeles", ob. cit., pp. 542-544, ed. Borja Gama de Cossío (2020b), *Catálogo de Santas Vivas*, ob. cit., https://catalogodesantasvivas.visionarias.es/index.php/Florentina_de_los_%C3%81ngeles

Torres, Alonso de (1683): "Vida de Leonor de San Juan y Saavedra", ob. cit., p. 745, ed. Borja Gama de Cossío (2020c), *Catálogo de Santas Vivas*, ob. cit., http://catalogodesantasvivas.visionarias.es/index.php/Leonor_de_San_Juan_y_Saavedra

Torres, Alonso de (1683): "Vida de Luisa de Sandoval", ob. cit., pp. 526-527, ed. Borja Gama de Cossío (2020d), *Catálogo de Santas Vivas*, ob. cit., http://catalogodesantasvivas.visionarias.es/index.php/Luisa_de_Sandoval

Vida de la bienabenturada virgen María de Ajofrín, Ms. Esc. C-III-3, ff. 192r-231v, ed. de Celia Redondo Blasco (2023), *Catálogo de Santas Vivas*, ob. cit., http://catalogodesantasvivas.visionarias.es/index.php/Mar%C3%ADa_de_Ajofr%C3%ADn#Vida_manuscrita_.281.29

Vida y fin de la bienabenturada virgen sancta Juana de la Cruz, Ms. El Escorial, K-III-13, ff. 1r-137r, eds. María Luengo Balbás y Fructuoso Atencia Requena (2023), *Catálogo de Santas Vivas*, ob. cit., http://catalogodesantasvivas.visionarias.es/index.php/Juana_de_la_Cruz#Vida_Manuscrita_.281.29

Villegas, Alonso de (1589): "Vida de Ana de Cuéllar", *Addicion a la Tercera Parte del Flos Sanctorum*, Toledo, Pedro Rodríguez, ff. 121r-124r, ed. Mar Cortés Timoner (2021a), *Catálogo de Santas Vivas*, ob. cit., https://catalogodesantasvivas.visionarias.es/index.php/Ana_de_Cu%C3%A9llar

Villegas, Alonso de (1589): "Vida de Bárbara de Santiago", ob. cit., ff. 106r-107r, ed. Mar Cortés Timoner (2021b), *Catálogo de Santas Vivas*, ob. cit., http://catalogodesantasvivas.visionarias.es/index.php/B%C3%A1rbara_de_Santiago

Villegas, Alonso de (1589): "Vida de María de la Visitación", *Addicion a la Tercera Parte del Flos sanctorum: en que se ponen vidas de varones illustres, los quales, aunque no estan canonizados, mas piadosamente se cree dellos que gozan de Dios por auer sido sus vidas famosas en virtudes...*, Toledo, Juan y Pedro Rodríguez hermanos, f. 65v, ed. Mar Cortés Timoner (2020), *Catálogo de Santas Vivas*, ob. cit.,

http://catalogodesantasvivas.visionarias.es/index.php/Mar%C3%A
Da_de_la_Visitaci%C3%B3n

Yanguas, Lucas de (1684): "Vida de María de Toledo", *Breve catálogo de los siervos de Dios así religiosos como religiosas de la Tercera Orden que han fallecido con singular opinión y fama de muy virtuosos en la santa Provinxia de Castilla*, Ms. C/12 del Archivio Generale dell'Ordine dei Frati Minori AGOFM, ff. 8v-13v. ed. Sergi Sancho Fibla (2021), *Catálogo de Santas Vivas*, ob. cit., http://catalogodesantasvivas.visionarias.es/index.php/Mar%C3%ADa_de_T oledo#Vida_manuscrita

BɪʙʟɪᴏɢʀᴀFÍᴀ sᴇᴄᴜɴᴅᴀRɪᴀ

Aquino, Santo Tomás de (2014): *"Tratado de los ángeles"*, *Suma Teológica*, ed. Aureliano Raimundo Suárez, Madrid, BAC, vol. 2, pp. 607-949.

Bachelard, Gastón (2000): *La poética del espacio*, trad. Ernestina de Champourcin, Argentina, FCE de Argentina.

Bieñko de Peralta, Doris (2009): "Las visiones del más allá y la intermediación simbólica de las monjas novohispanas en el siglo XVII", *Muerte y vida en el más allá España y América, siglos XVI-XVIII*, eds. Gisela von Wobeser y Enriqueta Vila Vilar, México, Universidad Nacional Autónoma de México/Instituto de Investigaciones Históricas, pp. 203-222.

Blanchfield, Lyn A. (2012): "Prolegomenon. Considerations of Weeping and Sincerity in the Middle Ages", *Crying in the Middle Ages: Tears of History*, ed. Elina Gertsman, New York/Abingdon, Routledge, pp. xxi-xxx.

Boquet, Damien y Nagy, Piroska (2018): *Medioevo sensibile: Una storia delle emozioni (secoli III-XV)*, trad. Gian Mario Cao, Roma, Carocci editore.

Christle, Heather (2020): *El libro de las lágrimas*, trad. Magdalena Palmer, Madrid, Editorial Tránsito.

Cirlot, Victoria, y Garí, Blanca (2021): *La mirada interior. Mística femenina en la Edad Media*, Madrid, Siruela.

Cortázar, Julio (1962): "Instrucciones para llorar", *Historias de cronopios y de famas*, Buenos Aires, Minotauro, p. 14.

Enquête pour le Procès de Canonisation de Dauphine de Puimichel, Comtesse d'Ariano (†26.XI.1360), ed. Jacques Cambell (1978), Turín, Bottega d'Erasmo.

Escobar, Fray Oswaldo (17 de marzo de 2016): "El don de lágrimas en Teresa de Jesús", *Teresa, de la rueca a la pluma*, pp. 1-12.

Eymar, Carlos (2015): "Lágrimas de Santa Teresa", *Revista de Espiritualidad*, 74, pp. 513-541.

García Andrés, Inocente (1999): "Introducción", *Juana de la Cruz, El Conhorte: sermones de una Mujer. La Santa Juana (1481-1534)*, Salamanca, Fundación Universitaria Española, vol. 1, pp. 13-223.

Garí, Blanca (2001): "Las amargas lágrimas de Margery Kempe", *Duoda. Revista d'estudis feministes*, 20, pp. 51-79.

Gertsman, Elina (2012): "Introduction. 'Going They Went and Wept': Tears in Medieval Discourse", *Crying in the Middle Ages*, ob. cit., pp. xi-xx.

Gómez López, Jesús (2004): "Juana de la Cruz (1481-1534) 'La Santa Juana': vida, obra, santidad y causa", *La clausura femenina en España: actas del simposium: 1/4-IX-2004*, eds. Francisco Javier Campos y Fernández de Sevilla, Madrid, Real Centro Universitario Escorial-María Cristina, vol. 2, pp. 1223-1250.

González-Díaz, María (2022): "'Mas ia tiempo es que envíe el Señor su ángel con azotes': la influencia de las criaturas celestes en María de Ajofrín (¿?-1489)", *Via Spiritus: Revista de História da Espiritualidade e do Sentimento Religioso*, 29, pp. 31-48.

González-Díaz, María (2023): "Tipología del llanto en las hagiografías de las santas vivas castellanas (siglos XV-XVII)", *Poética das lágri-*

mas: Olhares cruzados sobre textos e contextos femininos, eds. Isabel Morujão, y Geise Teixeira, Oporto, CITCEM, pp. 107-132.

Knight, Kimberley-Joy (2012): "'Si puose calcina a' propi occhi': The Importance of the Gift of Tears for Thirteenth-Century Religious Women and their Hagiographers", *Crying in the Middle Ages,* ob. cit., pp. 136-155.

Muñoz Fernández, Ángela (1994): *Beatas y santas neocastellanas: ambivalencias de la religión y políticas correctoras del poder (ss. XIV-XVI)*, Madrid, Dirección General de la Mujer.

Muñoz Fernández, Ángela (2006): "'Plantus Mariae': Mujeres, lágrimas y agencia cultural", *Arenal. Revista de historia de las mujeres*, 13(2), pp. 237-261.

Muñoz Fernández, Ángela (2009): "Llanto, palabras y gestos. La muerte y el duelo en el mundo medieval hispánico (morfología ritual, agencias culturales y controversias)", *Cuadernos de historia de España*, 83, pp. 107-139.

Nagy, Piroska (2000): *Le don des larmes au Moyen Âge*, París, Albin Michel.

Navas, Antonio (2013): "La importancia del don de lágrimas en Margery Kempe", *Poética das lágrimas,* ob. cit., pp. 81-90.

Petroff, Elisabeth Alvilda (1986): "Introduction: The Visionary Tradition in Women's Writing: Dialogue and Autobiography", *Medieval Women´s Visionary Literature*, ed. Elisabeth Alvilda Petroff, Nueva York/Oxford, Oxford University Press, pp. 3-59.

Rimé, Bernard (2010): "Les émotions médiévales: réflexions psychologiques", *Politiques des émotions au Moyen Âge*, dirs. Damien Boquet y Piroska Nagy, Florencia, Sismel Edizioni del Galluzzo, pp. 309ss.

Rodríguez Peinado, Laura (2015): "Dolor y lamento por la muerte de Cristo: la Piedad y el Planctus", *Revista Digital de Iconografía Medieval*, 7(13), pp. 1-17.

Rosenwein, Barbara H. (2012): "Transmiting Despair by Manuscript and Print", *Crying in the Middle Ages,* ob. cit., pp. 249-266.

Sandwich, Pepita (2024): *El arte de llorar*, Barcelona, Lumen.

Sanmartín Bastida, Rebeca (2012): *La representación de las místicas: Sor María de Santo Domingo en su contexto europeo*, Santander, Real Sociedad Menéndez Pelayo.

Sanmartín Bastida, Rebeca (2016): "Sobre las categorías de santa, beata y visionaria: el género performativo", *Cahiers d'études hispaniques médiévales* 39, pp. 183-208.

Sanmartín Bastida, Rebeca (2020): "La emergencia de la autoridad espiritual femenina 'ortodoxa': el modelo de María de Ajofrín", *Hispania Sacra*, 72(145), pp. 125-135.

Sanmartín Bastida, Rebeca (2023a): "'Dame de aquellos arroyos de lágrimas': la performance del llanto en una visionaria castellana de finales del medievo", *Poética das lágrimas*, ob. cit., pp. 91-106.

Sanmartín Bastida, Rebeca (2023b): *Staging Authority: Spanish Visionary Women and Images (1450-1550)*, Alessandria, Edizioni dell'Orso.

Siena, Catalina de (1996): "La doctrina de las lágrimas", *Obras de Santa Catalina de Siena*, ed. José Salvador y Conde, Madrid, BAC, pp. 209-232.

Steinhoff, Judith (2012): "Weeping Women: Social Roles and Images in Fourteenth-Century Tuscany", *Crying in the Middle Ages,* ob. cit., pp. 35-52.

Surtz, Roland E. (1995): *Writing Women in Late Medieval and Early Modern Spain: The Mothers of Saint Teresa of Avila*, Philadelphia, University of Pennsylvania Press.

Swift, Christopher (2012): "A Penitent Prepares: Affect, Contrition, and Tears", *Crying in the Middle Ages,* ob. cit., pp. 79-101.

Vitry, Jacques de (1986): "The Life of Marie d'Oignies", *Medieval Women´s Visionary Literature*, ob. cit., pp. 179-183.

Zarri, Gabriella (1990): *Le sante vive: profezie di corte e devozione femminile tra '400 e '500*, Turín, Rosenberg & Sellier.